L'INFLUENCE

DE LA FORTUNE ET DE L'INITIATIVE PRIVÉES
SUR L'ARCHITECTURE

UNE

Famille Normande

ET

LA RENAISSANCE

EN HAUTE-NORMANDIE

PAR

GUSTAVE A. PREVOST

ÉVREUX

IMPRIMERIE DE CHARLES HÉRISSEY

1896

(6)

Prévost.

à Monsieur Léopold Délisle

très respectueux hommage

J. A. Prévost

UNE

FAMILLE NORMANDE

ET

LA RENAISSANCE EN HAUTE-NORMANDIE

Extrait du Bulletin *de la Société des Amis des Arts
du département de l'Eure.*

UNE

Famille Normande

ET

LA RENAISSANCE

EN HAUTE-NORMANDIE

PAR

GUSTAVE A. PREVOST

ÉVREUX
IMPRIMERIE DE CHARLES HÉRISSEY

1896

L'INFLUENCE

DE LA FORTUNE ET DE L'INITIATIVE PRIVÉES
SUR L'ARCHITECTURE

UNE FAMILLE NORMANDE
ET LA RENAISSANCE EN HAUTE-NORMANDIE

L'étude des œuvres de l'art ne doit pas se borner à les apprécier intrinsèquement, à les analyser, à les juger ou à en jouir, en critique, en artiste ou en dilettante.

Toute œuvre artistique a encore son histoire *externe*, qu'il faut aussi connaître. — Sous quelle influence, tel art, tel style, telle œuvre, sont-ils nés ? Comment, dans quelles circonstances, avec l'aide de qui les manifestations diverses d'un art ont-elles pu se développer, se propager et voir le jour ? Ce sont là des points d'un intérêt capital, des questions dont l'examen et la solution ouvrent de larges horizons sur le mouvement des idées et des esprits à un moment donné, sur l' « état d'âme » d'une ou de plusieurs des classes sociales ; et, aussi, sur les conditions économiques et financières et sur l'emploi des richesses à une époque déterminée.

Presque tous les arts, mais, plus que tous les autres, l'architecture et les arts qui en dépendent sont, en effet, soumis et subordonnés à des influences extérieures. L'architecte, une fois qu'il a conçu une œuvre dans son esprit, qu'il l'a même traduite graphiquement, et qu'il l'a raisonnée, au point de vue de l'exécution matérielle, dans ses épures et dans ses devis, est à la merci d'une puissance étrangère, — l'argent, — qui lui permettra de donner un corps à sa pensée et de faire entrer dans la vie de la réalité ce qui, autrement, serait condamné à rester une idée, un rêve immatériel.

Des périodes ont été particulièrement fécondes sous le rapport du développement de l'art par le secours de la richesse, et, spécialement, de la richesse privée.

Telles furent, notamment, la fin du xve siècle et la première moitié du xvie, la période connue sous le nom de la *Renaissance*.

« Nos pères qui vécurent entre les guerres anglaises et les guerres religieuses furent heureux, » a dit, récemment, un éminent historien économiste. « On en a la preuve en pénétrant, par « les livres de raison » qui sont venus jusqu'à nous, dans les intérieurs bourgeois et semi-ruraux des premières années du xvie siècle[1]. » Le commerce et l'industrie se développent ;

[1] Vicomte G. d'Avenel, *Histoire économique de la propriété, des salaires, des denrées et de tous les prix en général depuis l'an 1200*

à côté du bien-être général, ils suscitent des fortunes exceptionnelles. Je suis porté à croire qu'en ce qui est des beaux-arts, la *Renaissance* est due à l'accroissement des richesses autant qu'au mouvement des esprits, et à des causes d'ordre économique et financier non moins que d'ordre intellectuel.

Qu'eussent pu donner, en effet, l'architecture, l'architecture civile surtout, et les arts qui en dépendent, sans l'appui de la fortune privée ? Et, pour qui regarde de plus près, il est une autre observation, qui a été souvent faite pour toutes les époques et tous les pays, à savoir que ce sont, surtout, les nouveaux riches, commerçants, financiers ou autres, les « rois de l'or », qui ont été les grands bâtisseurs. Après Jacques Cœur, ce sont Thomas Bohyer avec Chenonceaux, Florimond Robertet avec Bury, Berthelot avec Azay-le-Rideau, Jacques de Beaune qui bâtit en tant de lieux à la fois.

La Normandie peut citer des noms qui, moins connus peut-être, ont tout autant de droits au souvenir et à la reconnaissance des amis des arts : dans la Basse-Normandie, les Duval de Mondrainville et les Le Vallois d'Ecoville ; dans la Haute, Le Pelletier, ce grand banquier rouennais, avec son splendide château de Martainville-sur-Ry, et le fameux Jean Ango, avec sa chapelle à l'église Saint-Jacques de Dieppe, sa maison dans la même ville, son incomparable manoir à Varengeville-sur-Mer.

jusqu'en l'an 1800 ; Paris, Imprimerie Nationale, 1894, in-4°, t. I. p. 335.

Mais un fait plus singulier est celui d'une même famille, dans laquelle le goût éclairé des arts et des constructions se répandit simultanèment sur plusieurs membres, et persista pendant plusieurs générations.

Plus rare encore est la coïncidence de cette circonstance, d'ordre psychique, avec une autre, d'ordre économique, la persistance, pendant trois siècles, d'une richesse exceptionnelle, permettant aux membres de cette famille de donner l'essor à leurs aspirations vers les arts.

Ce double phénomène se rencontre, en Haute-Normandie, pendant les XVIe, XVIIe et XVIIIe siècles, dans la famille Le Roux, qui porta, entre autres noms, ceux de : Le Roux du Bourgtheroulde, Le Roux de Tilly, Le Roux de Saint-Aubin, Le Roux d'Acquigny et Le Roux d'Esneval ; famille à laquelle sa fortune, ses alliances, ses services dans la robe, dans l'armée et dans la diplomatie ont donné un éclat exceptionnel et un rang hors de pair parmi la noblesse normande pendant les trois derniers siècles.

Rien que dans le cours du XVIe siècle, il n'est pas, dans l'étendue des départements de la Seine-Inférieure et de l'Eure, moins de quatorze édifices dans lesquels nous ne trouvions le nom des Le Roux, et, sans doute, il nous en est échappé !

Il est vrai que tous ne sont pas leur œuvre exclusive ; il est certain que toutes ces œuvres ne sont pas de *premier ordre ;* malheureusement, nombre de ces œuvres n'existent plus aujourd'hui. — Mais, parmi ce qui subsiste, il en est qui sont des joyaux artistiques, de nature à faire amèrement regretter ce qui a disparu [1].

Tout à l'heure, nous passerons en revue, dans une rapide énumération, ces œuvres, de mérite et d'importance diverses.

Auparavant, voyons quelles sont les origines de cette famille si heureusement, si exceptionnellement douée, sous le double rapport du sentiment artistique et de la richesse ; cherchons, s'il est possible, dans quel milieu et dans quelles conditions se sont développés l'un et l'autre.

Il faut dégager les premiers degrés de la généalogie de la famille Le Roux des additions, inexactitudes et réticences contenues dans l'article du *Dictionnaire de la Noblesse*, de la Chenaye-Desbois et Badier [2], ainsi que dans d'autres généalogies, imprimées ou manuscrites. Ceci fait, voici ce que les documents d'archives apprennent sur ses origines.

Denis Le Roux était seigneur de Becdal, en 1455 [3]. Il avait acquis ce petit fief, en 1443, au prix de 100 livres tournois, plus 60 sols de vin. Les héritiers du vendeur, qui s'était réservé, pour lui et pour ses

[1] Citons, de suite, l'hôtel du Bourgtheroulde à Rouen, et le château de Boisset-le-Châtel.

[2] 3ᵉ édition, Paris, 1872, in-4°, vᵒ Le Roux d'Esneval.

[3] Aveu de la baronnie d'Acquigny, en date du 4 juin 1455. — On y lit, dans l'énumération des fiefs qui en relevaient : «... Denis Le Roux, ung huitième de fief appelé le fief de Vecquedal (*sic*) et duquel est tenu ung autre huitième de fief, assis en la dite paroisse de Heuderiville, nommé le fief du Moucel, dont est apresent tenant Guillaume Le Roux, son fils. » — Abbé P. F. Lebeurier, *Notice historique sur la commune d'Acquigny avant 1790*. Evreux, 1862, in-8°, p. 98.

héritiers, le droit de *réméré*, y renoncèrent par acte en date du 14 juillet 1456, moyennant l'extinction d'une rente de 30 livres qu'ils devaient à Denis Le Roux [1]. Dans l'acte du 14 juillet 1456, il est qualifié conseiller en cour laye.

Divers autres documents le mentionnent comme exerçant, soit successivement, soit cumulativement, à Louviers, les fonctions de receveur de Mgr l'archevêque de Rouen, seigneur de Louviers [2], — conseiller de Mgr l'archevêque [3], — procureur de Mgr l'archevêque [4], — avocat et conseiller de Monseigneur. A ces derniers titres, il recevait des gages annuels de 10 livres [5].

Sa femme s'appelait Guillemette Du Buisson [6]. Tous deux obtinrent, en 1428, l'autorisation de reconstruire, en en changeant légèrement la place, un pont sur la rivière d'Eure pour faire communiquer divers héritages, bornés par Phlipote, veuve de feu Guillaume Du Buisson, mère d'icelle femme [7].

---

[1] Cet acte est cité d'après une notice lue, en 1843, à l'Académie de Rouen, par M. A. Barabé. — (Archives de l'Académie de Rouen.)

[2] Archives départementales de la Seine-Inférieure, série G, n°ˢ 970, 638, 648.

[3] Id. ; G. 653.

[4] Id. ; G. 970.

[5] Id. ; G. 652.

[6] Généalogie de la famille Le Roux dans un manuscrit de la Bibliothèque municipale de Rouen (fonds Martainville ; Y. 24), intitulé : *Recueil des présidens, conseillers et officiers de l'Eschiquier et Parlement de Rouen, depuis l'establissement de l'Eschiquier ;* XVIIe siècle, in-folio, t. I, f[ts] 85 et s.

[7] Archives départementales de la Seine-Inférieure ; G. 988.

C'est, très vraisemblablement, lui qui, de concert avec trois autres habitants de Louviers, signa la capitulation de Louviers avec le roi d'Angleterre, en 1431[1].

Denis Le Roux fut inhumé à Louviers[2].

Son fils Guillaume est qualifié seigneur de Becdal, de Villette et d'Escroville ; il acheta les fiefs de la Fontaine-près-Tilly et de Vironvé[3].

Dès 1450, on le trouve remplissant les fonctions de vicomte d'Elbeuf pour le compte des seigneurs d'Elbeuf[4]. A la fois administratives, fiscales et judiciaires, ces fonctions, dont le nom n'avait rien qui emportât une distinction nobiliaire, étaient, en revanche, fort lucratives. Le vicomte d'une grande seigneurie était, à vrai dire, le représentant, le fondé de pouvoir et le principal officier du seigneur. Souvent, il était en même temps son secrétaire et son intendant. Ainsi voyons-nous que, par son testament, Marie d'Harcourt, comtesse de Vaudemont et baronne d'Elbeuf, morte en 1476, lègue à Guillaume Le

[1] P. Dibon, *Essai historique sur Louviers*, 1836, in-8°, p. 34.
Chose singulière, il existait à la même époque un « Denis Le Roux, tavernier, demourant à Loviers, » auquel on paya en 1452 la somme de 6 livres 15 sols le jour de la foire de Saint-Martin d'Eté « pour ung diner où furent les nobles tenants de ladicte seigneurie avec les officiers et sergents après qu'ils furent retournez le matin d'avoir chevauché la dite foire et gardé le peuple de faire noize ». — (Archives départementales de la Seine-Inférieure, G. 652.)

[2] Ms. Martainville, Y. 24.

[3] Id. *ibid.*

[4] Acte relaté dans : Saint-Denis, *Histoire d'Elbeuf* ; Elbeuf, 1894, in-18, t. I, p. 587 et 591.

Roux, vicomte d'Elbeuf, secrétaire et intendant de toute sa maison, la somme de 200 écus [1].

Il avait épousé Alison du Fay. Il semble qu'il vivait encore en 1490 [2]. Il fut, comme son père, inhumé à Louviers [3].

Aucune qualification nobiliaire n'accompagne jamais le nom de Denis Le Roux dans les actes le concernant qui sont venus à notre connaissance. — Il en est encore ainsi de ceux qui touchent son fils Guillaume, au moins pendant une certaine partie de son existence [4].

Dans quelques actes de la fin du XVe siècle, au contraire, le titre d'écuyer suit le nom de Guillaume Le Roux.

De ce rapprochement nous sommes porté à conclure que Guillaume Le Roux, vicomte d'Elbeuf, propriétaire de plusieurs seigneuries, sera devenu noble, comme quelques centaines au moins de familles normandes, en vertu d'un édit de Louis XI, du mois de novembre 1470, par lequel tous les non nobles, possesseurs de fiefs *à cour et usage*, furent déclarés. anoblis en masse, par le seul fait de cette possession,

---

[1] Saint-Denis, *Histoire d'Elbeuf*, t. II, p. 44.

[2] Acte du tabellionnage mentionnant Guillaume Le Roux, escuier, viconte d'Ellebeuf, et Guillaume Le Roux [son fils], lieutenant général du dit viconte d'Ellebeuf. — Saint-Denis, *Histoire d'Elbeuf*, t. II, p. 76.

[3] Ms. Martainville, Y. 24.

[4] Ce silence est d'autant plus significatif que, dans un de ces actes, l'aveu de la baronnie d'Acquigny, parmi les personnes dénommées, beaucoup sont revêtues des titres de chevalier ou d'écuyer, qui suivent toujours le nom des personnes nobles.

moyennant l'octroi d'un subside par les Etats de Normandie[1].

Et, pourquoi le dissimuler ? Pourquoi ne pas constater, une fois de plus, pour l'honneur de la vérité, et à la décharge d'une époque que l'on a voulu faire passer pour celle des *castes fermées*, cette loi économique, aujourd'hui mathématiquement démontrée, de la mobilité *fatale* des familles et des fortunes, cette force sociale qui poussait à la richesse, puis à la noblesse les races qui savaient vouloir l'une et mériter l'autre[2] ?

[1] La situation de Guillaume Ier Le Roux au point de vue nobiliaire se dégage, avec la même netteté et la même évidence, des *aveux* rendus par lui-même comme propriétaire du fief de Villette.

Ainsi, dans un aveu en date du 20 (ou du 16) novembre 1451, il dit : « Je Guillaume Le Roux, tien... etc... » ; au corps de l'acte, il indique comme tenant de lui « Richard de Lieurray, escuier... » et il termine : « Je Guillaume Le Roux, dessus nommé, ay signé ce présent dénombrement ou adveu de mon saing manuel et scellé de mon scel... » (*Archives nationales*, P. 308, 3° partie, f° 23.) — De même, le 22 juin 1460 : « Je Guillaume Le Roux, tieng... » ;... « Richard de Lieuray, escuyer, tient... » ; « j'ay signé de mon saing manuel et scellé de mon scel... » (*Ibid.*, P. 295 ¹ cote IV° LIV.) — De même encore, le 12 juin 1462 : « Je Guillaume Le Roux, tieng... »... « j'ay signé ces présentes de mon saing manuel et scellées du grant scel aux causes de la viconté d'Ellebeuf, dont je suis à présent viconte pour hault et puissant seigneur Monseigneur le conte de Harecourt. » (*Ibid.* P. 295 ² cote V° VII.)

Au contraire, le 24 février 1483, il dit : « Je, Guillaume Le Roux, escuier, tieng... » et termine « j'ay... scellé du sceel de mes armes... » (*Ibid.* P. 294 ³ cote IX°ˣ III.) — Le sceau qui accompagne ce dernier aveu est malheureusement fruste et ne permet pas de reconnaître les armoiries.

[2] Voir Vte G. d'Avenel, *Histoire économique de la propriété, des salaires, des denrées et de tous les prix en général, de l'an 1200 jusqu'en 1800* ; Paris, Imprimerie Nationale, gr. in-8°, t. I, pp. 208-209, 141-147 et *passim*.

Guillaume Ier Le Roux eut pour fils Guillaume II, qui fut seigneur des mêmes terres que son père, et acquit, en outre, celles de Bourgtheroulde, de Tilly, du Val, de Lucy et de Sainte-Beuve [1].

Il succéda également à son père dans ses fonctions de vicomte d'Elbeuf ; et, vraisemblablement, il était « lieutenant général » du vicomte d'Elbeuf, son père, en 1490 [2].

Lorsqu'en 1499 l'Echiquier fut déclaré permanent, il fut appelé à y siéger comme conseiller [3].

Il avait épousé, en 1483, Jeanne Jubert, fille du lieutenant général du bailli de Gisors, et en eut seize enfants. Il mourut en 1520 [4].

« Il a fait bastir la maison de Rouen paroisse Saint-Eloi, » dit la généalogie recueillie dans les manuscrits Bigot [5]. Il fit élever dans ses terres de Bourgtheroulde, de Tilly, de Lucy, de Sainte-Beuve, etc... « les bastiments superbes que nous y voyons encore aujourd'huy », dit une autre généalogie imprimée, datant du XVIIe siècle [6].

Nous rappellerons les noms de trois seulement de ses enfants ; nous les retrouverons, en effet, souvent

---

[1] Ms. Martainville, Y. 24.

[2] Saint-Denis, *Histoire d'Elbeuf*, t. II, p. 69, 76.

[3] Id., *ibid.* ; et Ms. Martainville, Y, 24.

[4] Ms. Martainville, Y. 24.

[5] Ms. Martainville, Y. 24.

[6] *A la mémoire de messire Claude Le Roux, chevalier, baron d'Acquigny, châtelain de Cambremont et du Mesnil-Jourdain, seigneur de Becdal, Vironvé, La Métairie et autres lieux, conseiller du roi en son parlement de Rouen.* S. d. (vers 1690), in-4°.

en parlant des œuvres d'art ou des monuments dus à l'initiative de leur famille :

Guillaume, l'aîné, seigneur du Bourgtheroulde, abbé d'Aumale, prieur du Mont-aux-Malades-lès-Rouen, chanoine de la cathédrale de Rouen, renonça à ses droits d'aîné en faveur de son frère Claude [1], et mourut en 1532.

Claude, vicomte d'Elbeuf, puis conseiller au parlement après la mort de son père, épousa, en premières noces, Jeanne Calenge, fille de Jean, sieur d'Infreville. Il fut seigneur de Tilly, puis du Bourgtheroulde et mourut en mars avant Pâques 1537.

Nicolas, sieur de Saint-Aubin-d'Escroville et de Becdal, fut conseiller-clerc au parlement de Rouen, abbé d'Aumale par la résignation de son frère Guillaume, et prieur du Mont-aux-Malades, chanoine de Notre-Dame de Rouen, et mourut doyen de Notre-Dame en 1565 [2].

Dès lors, la famille, qui prend d'abord les noms de Le Roux du Bourgtheroulde et de Le Roux de Tilly, a conquis un rang distingué dans la ville de Rouen et dans le parlement de Normandie, au sein duquel elle ne compte pas moins de dix alliances ou parentés plus ou moins rapprochées [3].

[1] Barabé, *Recherches sur l'hôtel du Bourg-theroulde à Rouen*, dans la *Revue de Rouen*, août 1844, in-8°, p. 75, 76.

[2] Voir, pour la justification de chacun des points indiqués au sujet de ces trois personnages, Ms. Martainville, Y. 24 (généalogie si souvent citée des Le Roux), et même ms., t. II, fᵒˢ 121, 174 ; et Barabé, article cité à la note précédente.

[3] Ms Martainville, Y. 24, t. II, fᵒ 121.

Elle se trouve la première, sous le rapport de la richesse, parmi les familles de robe.

Cette circonstance, secondaire en elle-même, si l'on veut, va lui permettre de donner l'essor à ses goûts pour les constructions civiles ou religieuses, la peinture sur verre, les objets d'art, les somptueux ameublements. Car, La Fontaine a dit que

> . . . . en toute affaire,
> Procès, négoce, hymen ou bâtiment,
> Argent surtout est chose nécessaire.

Un collègue de Guillaume II Le Roux, au Parlement, le conseiller Le Chandelier lui dit, en effet, dans les précieux portraits en vers latins qu'il a tracés de ses collègues :

> *In cœtu nostro præstas ditissimus unus*[1].

D'où venait cette opulence ? Il ne semble pas qu'elle ait ses origines dans des opérations commerciales ou financières hardies et couronnées par le succès.

L'une de ses sources doit provenir des fonctions exercées par Denis Le Roux, par Guillaume son fils, et, aussi, par les générations suivantes. Conseiller, avocat, procureur de l'archevêque de Rouen à Louviers, ce pouvait être des fonctions très lucratives ;

---

[1] Bibliothèque municipale de Rouen. — Manuscrits ; — Anciens fonds, Y. 123 *bis*ˣ, p. 40. — (Copie moderne du ms. 10.054 de la Bibliothèque nationale.) — Tel est du moins le texte du manuscrit, car la pièce imprimée en l'honneur de la famille Le Roux se bornait à constater l'opulence du conseiller Guillaume Le Roux : *Divitiæ prosunt et opes majoribus ausis....*

non pas par les émoluments fixes qui y étaient attachés, mais parce qu'elles comportaient un peu le rôle de banquier, d'intendant, quelque chose comme les responsabilités et, conséquemment, les profits des fonctions de fermier général au siècle dernier, ou de trésorier général sous le premier Empire.

Il en était de même de la charge de vicomte dans une grande seigneurie comme Elbeuf ; surtout quand on la cumulait avec celle d'intendant d'une maison quasi princière comme celle de la comtesse de Vaudemont.

Ainsi s'explique ce fait, que, longtemps après son entrée au Parlement, la famille Le Roux du Bourgtheroulde a conservé ces fonctions lucratives de vicomte d'Elbeuf[1]. En effet, Guillaume II les a exercées avant d'aller s'asseoir sur les bancs de l'Echiquier. En y montant, il les a laissées à son second fils Claude. Mais, comme celui-ci était encore trop jeune pour les remplir lui-même, son beau-père (ou futur beaupère) a géré la vicomté d'Elbeuf jusqu'à ce que Claude eût atteint l'âge requis. Claude l'a ensuite reprise jusqu'au jour où, son père Guillaume II venant à mourir (1520), il lui a succédé comme conseiller au parlement, abandonnant alors à un de ses frères ce fructueux office de vicomte d'Elbeuf[2].

---

[1] Saint-Denis, *Histoire d'Elbeuf*, Elbeuf, 1894-1895, in-18, t. II, p. 69.

[2] Voir sur ces transmissions successives de l'office de vicomte d'Elbeuf à divers membres de la famille Le Roux : Saint-Denis, *Histoire d'Elbeuf*, t. II, pp. 69, 94, 112, 123, 150, 180.

Voir aussi : Parfait Maille, *Recherches sur Elbeuf*. Elbeuf, 1862, in-18, t. II, p. 338-339.

Les alliances contractées par divers membres de cette famille ont aussi dû contribuer à l'enrichir.

Telle était, du moins, la version que voulait accréditer, à la fin du XVIIe siècle, l'auteur d'une généalogie de cette noble famille. En effet, dans cette pièce, le texte de l'éloge que le conseiller Le Chandelier faisait de son collègue Guillaume II Le Roux, éloge qui vantait, sans en préciser l'origine, son opulence extraordinaire, ce texte, dis-je, a été altéré pour lui faire dire qu'il avait contracté une riche alliance :

Atque tibi virtus pronuba jungit opes [1].

Guillaume avait, on s'en souvient, épousé Jeanne Jubert. Cette famille devait être riche. Le père de Jeanne, lui aussi, avait contribué, de sa bourse, à des travaux à l'église de Vernon. Son opulence, sans doute, avait excité l'envie de quelques mécontents, dont l'un tenta de le faire inscrire aux rôles de la taille comme se mêlant « du fait de marchandise », (en 1482). Mais la cour des aides repoussa cette prétention, et plusieurs bourgeois attestèrent que Guillaume Jubert était noble et issu de parents nobles et n'avait jamais fait le commerce [2].

La modification infligée ici au texte du poète Le Chandelier n'était pas la seule. Car, tandis que le conseiller-poète, s'adressant aux mânes du conseiller Guillaume Le Roux, constatait que deux de ses fils lui avaient succédé à la cour suprême de Normandie,

---

[1] *A la mémoire...* etc...

[2] Meyer, *Histoire de Vernon.* Les Andelys, 2 vol. in-8°, t. II, p. 85-86.

la généalogie en question, prêtant au poëte le don de prophétie, lui faisait dire que, dans les siècles futurs, il sortirait du conseiller Guillaume une postérité qui s'illustrerait bien plus encore [1] !

Il est temps, maintenant, d'énumérer les édifices auxquels est attaché le nom d'un des membres de cette famille : — constructions privées, hôtel et châteaux, élevés exclusivement par eux, à leurs frais et pour eux ; — monuments religieux à l'édification, ou même, simplement, à la décoration desquels ils ont pris une part quelconque.

Toute classification méthodique aurait ses inconvénients et ses dangers. On ne peut suivre l'ordre *personnel*, plusieurs générations ayant pu coopérer au même monument ; et, surtout, l'auteur de quelques-uns ne pouvant parfois être nettement déterminé. La valeur artistique relative de chaque œuvre serait un procédé téméraire.

Il est plus simple d'énumérer, dans l'ordre *présumé* chronologique, chacune de ces œuvres.

ÉGLISE DE NOTRE-DAME DE LOUVIERS. — Louviers a été considéré par les Le Roux du Bourgtheroulde comme le berceau de leur famille. Non seulement Denis, mais encore Guillaume I (vicomte d'Elbeuf)

---

[1] Au lieu de :

> *De te succedunt qui post tua funera tandem*
> *Tractabunt paribus hoc opus officiis.*

On lit, dans la pièce imprimée :

> *Post te succedent, ventura in secla nepotes*
> *Qui majore dabunt hoc opus officio.*

y furent enterrés. — En 1510, Guillaume II, conseiller au Parlement de Normandie, en souvenir sans doute de son père et de son grand-père, délaissa à l'église de Notre-Dame la somme de cinquante livres [1]. En outre, il donna à cette église un, sinon plusieurs vitraux, dont l'un représente la Vierge et saint Nicolas.

Ses armes — « *d'azur, au chevron d'argent, accompagné de 3 têtes de léopard d'or posées 2 et 1* » — se voient sur une des fenêtres, et sur une autre elles sont *parties* de celles de sa femme Jeanne Jubert, dont la famille portait : « *coupé : d'azur, à 5 rocs d'argent, et d'azur à la croix d'or* » [2].

« Il paraît, ajoute un historien de Louviers, qu'à cette époque la famille Le Roux fit de nombreuses donations à l'église de Notre-Dame, car ses armes se retrouvent encore sculptées sur les clefs de voûte des sous-ailes du côté du sud. [3] »

Église Saint-Jean d'Elbeuf. — Elbeuf, la seconde des étapes qui allaient mener la famille des Le Roux à Rouen et aux honneurs, devait aussi profiter de leur générosité.

La généalogie manuscrite que j'ai si souvent citée, et qui, j'ai omis jusqu'ici de le dire, a été dressée par

---

[1] *Notes historiques de Jacques Pelet, curé de N.-D. de Louviers, mort en 1628* ; dans *Recueil des travaux de la Société libre d'agriculture, sciences, arts et belles-lettres de l'Eure*, IVᵉ série, t. IX. Évreux, 1893, in-8°, p. 456.

[2] P. Dibon, *Essai historique sur Louviers*. Rouen, 1836, in-8°, p. 107, 108.

[3] *Id., ibid.*, p. 107.

un des membres de la célèbre famille parlementaire des Bigot, cette généalogie porte, en effet, que Guillaume Ier « a fait bastir la chapelle de Notre-Dame en l'église Saint-Jean d'Ellebeuf, où il est représenté avec sa femme en la vitre de darrière l'autel, et leurs armes sont en la voute, et Guillaume son fils aisné et sa femme sont représentés aux deux autres vitres avec leurs enfants ; tous avec leurs armes [1] ».

Les documents recueillis par les historiens d'Elbeuf nous apprennent qu'il résulte de deux assemblées générales des paroissiens de l'église Saint-Jean tenues en 1507 et 1516 et présidées par Guillaume Le Roux, conseiller au parlement et ancien vicomte d'Elbeuf, que l'on avait entrepris la réédification de l'église ; que, déjà, la nef principale et la nef collatérale de la Vierge avaient été amenées à leur perfection par les libéralités du sieur Le Roux et des autres paroissiens. Il s'agissait, maintenant, de faire une seconde nef collatérale ; pour l'édifier, il était nécessaire d'acquérir un terrain que son propriétaire n'avait pas voulu vendre à la fabrique. Guillaume Le Roux, qui en avait pu obtenir la cession pour lui-même, offrit à la fabrique de lui rétrocéder son marché [2].

HÔTEL DU BOURGTHEROULDE, A ROUEN. — A lui seul, un tel monument suffirait à illustrer la famille

---

[1] Ms. Martainville, Y. 24. — Des réfections postérieures ont fait disparaître l'œuvre à laquelle ont collaboré les Le Roux.

[2] Saint-Denis, *Histoire d'Elbeuf*, t. II, p. 144-145. — Parfait-Maille, *Recherches sur Elbeuf*, Elbeuf, 1862, in-18, t. II, p. 473-474.

qui en a doté sa ville. Comment le décrire en une ou deux pages ? Il faut se borner à renvoyer aux nombreuses descriptions qui en ont été faites. Notamment à celle de M. Léon Palustre, qui a si ingénieusement découvert les sujets des bas-reliefs qui le décorent [1].

Le nom des divers membres de la famille Le Roux, les dates du commencement et de l'achèvement des travaux, — qui semblent dénoter deux influences distinctes et, conséquemment, deux architectes différents, — présentent des questions embarrassantes. On a écrit que : commencé en 1506, par Guillaume II Le Roux, conseiller au Parlement, l'hôtel du Bourgtheroulde avait été continué, à partir de 1520, par son fils aîné, Guillaume III, abbé d'Aumale, puis chanoine de Rouen, et achevé par son second fils, Claude, conseiller au Parlement, mort en 1537 [2].

La part due au père est attestée par divers actes authentiques et par la présence des armoiries de sa femme Jeanne Jubert, accolées aux siennes. Cette dernière observation s'applique aussi à Claude Le Roux, second fils de Guillaume II. On voit (ou on voyait), dans l'hôtel, les armes de sa femme, Jeanne Callenge, — « *de gueules à 3 soleils d'or, 2 et 1,* » — unies à celles des Le Roux.

Si l'abbé d'Aumale Guillaume III a bien, comme

---

[1] V. *Rouen illustré*, [par divers auteurs]. Rouen, 1880, in-f°. L. Palustre, *L'Hôtel du Bourgtheroulde*, p. 81-96.

[2] *Procès-verbaux de la commission départementale des antiquités de la Seine-Inférieure*, t. II, 1849 à 1866. Rouen, 1867, in-8°, p. 372-373.

on le dit [1], eu sa part dans la construction de ce monument, je me demande s'il ne serait pas possible de connaître le nom de l'architecte auquel les parties les plus importantes seraient dues ?

Voici mes raisons :

Je lis dans le testament de Guillaume III : « Item, je quitte à Jehan de la Rue, masson, demeurant à Rouen, la somme de   (blanc) qu'il doit pour obligacion, et veuil que ladite obligation lui soit rendue quitte et cassé ; et toute aultre debte qu'il me pourroit debvoir [2]. »

Jean de la Rue était certainement un des premiers architectes rouennais. On connaît un certain nombre d'églises qu'il a construites ou auxquelles il a travaillé [3].

Lorsqu'en 1542 une commission technique est chargée d'examiner le projet de pyramide centrale proposé pour la cathédrale de Rouen par Robert Becquet, Jean de la Rue est un des quatre architectes qui en font partie [4].

[1] Ce qui nous fait hésiter à admettre la participation de Guillaume III aux travaux, c'est que, par acte en date du 28 juillet 1515, il a renoncé, en faveur de son frère Claude, à ses droits éventuels dans la succession future de son père.

Voir à ce sujet : *Recherches sur l'Hôtel du Bourgtheroulde*, par Barabé, dans *Revue de Rouen et de la Normandie*. Douzième année, août 1844. Rouen, 1844, in-8°, p. 75 et s.

[2] Testament de Guillaume Le Roux ; Archives départementales de la Seine-Inférieure ; série G, 3435.

[3] Ch. Bauchal, *Nouveau Dictionnaire biographique et critique des architectes français*. Paris, 1887, in-8°, p. 166-167.

[4] *Inventaire des Archives départementales de la Seine-Inférieure*, par M. Ch. de Beaurepaire ; G. 2822. — V., aussi, id., *ibid.*, G. 2825.

Non seulement, paraît-il, il critiqua le plan de Becquet, mais, de concert avec un autre architecte rouennais, Vittecoq, il osa présenter un contre-projet !

L'amour-propre d'auteur de Becquet fut vivement froissé ! Il faut voir avec quelle âpreté il distribua aux téméraires, et à leur contre-projet, les vérités et les personnalités ! Le contre-projet n'aurait « beauté ne façon »... ; « et pourroit icelle (tour ou pyramide) tomber en bref temps, comme a faict l'esglise du Bourgtheroulde, les pilliers de la Magdelaine, les pilliers de l'esglise de Sainct-Denys et la tour de pierre de Granville (*lis* : Grainville)-la-taincturière que auroit faicte le dit Vitecoq, qui est tombée par terre depuis quinze jours ! et aussy que ladite tour seroit bigarrée comme l'esglise de Sainct-Martin que a faict ledit de la Rue, moytié antique et moderne, qui n'est correspondant l'un à l'autre [1] ».

Mais revenons au testament... Oserai-je induire du legs qu'il contient que Jehan de la Rue était l'architecte en titre de Guillaume Le Roux ?... ou bien, n'était-ce qu'un tiers auquel il avait prêté de l'argent, et à qui il voulait du bien ?

Dans le premier cas, à lui l'honneur de l'hôtel du Bourgtheroulde, à lui encore l'honneur des belles constructions de l'abbaye d'Aumale.

Et puis, étendant le champ des hypothèses, ajoutant une conjecture à une autre, on peut se demander si Jean de la Rue était seulement l'architecte de

[1] A. Deville, *Revue des architectes de la cathédrale de Rouen, jusqu'à la fin du* xvie *siècle.* Rouen, 1848, in-8°, p. 9 .

Guillaume III ; s'il n'était pas celui de ses frères
Claude et Nicolas ? Alors on lui devrait, en outre,
le délicieux château de Boisset-le-Châtel, l'église si
originale et si *personnelle* de Saint-Aubin-d'Escroville,
et tant d'autres œuvres encore existantes ou déjà disparues, que nous allons énumérer. Mais avant, et
pour en finir avec les artistes qu'aimait Guillaume III
Le Roux, notons encore ce legs intéressant : « Item
— à Martin Guilbert, mon hucher, dix livres, oultre
cent solz que luy ai donnés pour une fiolle [1] » [?] —
Celui-là, non plus, n'était pas le premier venu ! Car,
dans la commission, composée de tous les corps de
métier, à laquelle fut soumis le projet de flèche conçu
par Robert Becquet, figure également Martin Guille-
bert menuisier [2] !

Saint-Sébastien-de-Préaux. — Notons, immédiatement, puisque nous parlons du testament de
l'abbé Guillaume III, ce don de « 50 livres aux
« paroissiens de Saint-Sébastien de Préaulx, dont la
« sieurie et patronnaige m'est eschu par la succession
« de mon père, *pour leur aider à achever la nef de leur*
« *esglise* [3] ».

Chapelle sur le fief de l'Esprevier. — Je trouve
enfin dans ce testament le legs : « à la chapelle

[1] Archives départementales de la Seine-Inférieure, G. 3435.

[2] Archives départementales de la Seine-Inférieure, G. 2822.

[3] Testament de Guillaume Le Roux. Archives départementales
de la Seine-Inférieure ; G. 3435. — Saint-Sébastien de Préaux
dépendait du diocèse de Lisieux, doyenné d'Orbec.

de Notre-Dame-Mère-de-Dieu de Sainte-Espérance, contruite par M. de l'Esprevier, proche son manoir hors la ville de Louviers, un grand tableau où est l'image de ladite dame, estant sur des fiches de fer en ma petite gallerie ».

Ce n'est pas tant le legs qui appelle mon attention, que ce fait de la construction d'une chapelle par M. de Lesprevier sur le fief de ce nom. M. de Lesprevier s'appelait Le Roux. — Malgré la différence des armoiries qui exista, au moins plus tard, il descendait aussi de Denis Le Roux, « un des principaux bourgeois de Louviers [1] », et, comme ses cousins, il avait ressenti l'influence et le mouvement artistique de la Renaissance.

LE BOURGTHEROULDE. — *L'Eglise*. — Le Bourgtheroulde est une des premières seigneuries importantes acquises par la famille Le Roux qui, immédiatement, en prit le nom. Renonçant à Louviers, leur berceau, plusieurs s'y firent enterrer [2]. Vraisemblablement donc, ils durent faire réédifier l'église, au moins en partie.

Le style architectural vient appuyer cette supposition, qu'établit d'ailleurs la boutade de Robert Becquet sur la chute de l'église due à un de ses rivaux.

Etait-ce Vittecoq ou de la Rue? A vrai dire, le texte que nous venons de citer tout à l'heure n'est pas

[1] V. Généalogie, ms. Y. 24, et Charpillon, *Dictionnaire historique du département de l'Eure*, t. II, p. 472, Vº Louviers.

[2] Testament de Guillaume Le Roux. Archives départementales de la Seine-Inférieure ; G. 3435.

aussi affirmatif en faveur... ou à la charge... du premier qu'on pourrait le croire à une rapide lecture.

Trois vitraux, aux fenêtres du fond du chœur, dont deux contiennent de gros blasons aux armes des Le Roux, se voient encore dans cette église. Celui de droite représente Notre-Seigneur tombant sous le poids de sa croix ; celui du fond le montre crucifié entre les deux larrons ; le troisiéme paraît avoir subi de nombreux remaniements.

Sous le milieu du chœur existait un caveau « massonné et voulté capable pour recueillir beaucoup de corps sus de gros barreaux de fer qui sont autravers des murailles pour soustenir les coffres ». Guillaume III voulut y être inhumé à côté de ses père et mére [1].

Le château. — Il est certain qu'au XVIᵉ siècle le Bourgtheroulde posséda un très vaste et, sans doute, très beau château. Lorsque les ligueurs le pillérent, ses seigneurs travaillaient encore à l'agrandir.

Un état des ravages commis par les partisans de la ligue mentionne : le « bastyment neuf, au quel il n'y avoit encores que deux chambres logeables ». Il faut lire, d'ailleurs, tout entier ce document, fort long, pour se rendre compte de l'importance exceptionnelle des bâtiments, du nombre des piéces, du luxe et de l'abondance du mobilier.

Quelle évocation vivante et suggestive de l'existence d'opulents parlementaires à l'avénement

[1] Testament de Guillaume Le Roux. Archives départementales de la Seine-Inférieure ; G. 3435.

d'Henri IV ! Je ne puis que saisir, au passage, cet alinéa, témoignage du haut goût des Le Roux du Bourgtheroulde... — « Item... grand nombre de grandz bassins et vases de vaisselle de valleur, de la façon de Messire Bernard Pallisy, de diverses coulleurs fort exquises, toute la quelle vaisselle valloit plus de cent cinquante escus... [1]. »

SAINTE-BEUVE-EN-RIVIÈRE. — Des « bastimens superbes » que Guillaume II Le Roux, époux de Jeanne Jubert, aurait fait élever à Sainte-Beuve-en-Rivière et à Lucy, si, par là, il faut entendre des constructions civiles, il semble, d'après les statistiques archéologiques, qu'il ne doit rien subsister maintenant.

Dans l'église, au contraire, on constate des retouches du XVIe siècle ; le transept Nord est de cette époque. On y voit, dit l'abbé Cochet, les « restes d'une *passion* en bois du XVe ou du XVIe siècle, consistant en quelques bas-reliefs, avec le couronnement qui surmonte le tabernacle actuel ». — Serait-ce une œuvre du hucher Martin Guilbert ?

On remarque aussi : huit statuettes d'apôtres, portant chacun un article du symbole ; puis, enfin, dans le cimetière, une croix de pierre de la Renaissance [2].

LUCY. — Lucy a conservé moins encore... Au midi

[1] *Ravages commis par les ligueurs au Bourgtheroulde, 1589-1591.* dans *Bulletin de la Société de l'histoire de Normandie*, t. II, années 1875-1880. Rouen, 1880, in-8°, p. 251. 245.

[2] Abbé Cochet, *Répertoire archéologique du département de la Seine-Inférieure.* Paris, Imprimerie Nationale, 1871, in-4°, col. 251.

du chœur, une chapelle en moellon du XVIe siècle ; au portail, « une jolie suite de statues en pierre sculptée » du même temps [1].

BOISSET-LE-CHATEL. — Seul des « superbes bastimens » dont nous parlons, le château de Boisset est encore debout.

Mais, si c'est une fête pour les yeux et un plaisir, dont on ne se lasse pas, d'admirer cette merveilleuse et aristocratique demeure, on ne saurait se défendre d'un mélancolique regret en songeant aux trois autres « bastimens » qui ne sont plus.

Il nous semble difficile, quoi qu'en dise une généalogie, de faire honneur de cet édifice à quelqu'un qui mourut en 1520.

D'autre part, nous pouvons encore moins admettre qu'il ne date que des règnes de Charles IX et d'Henri III. Nous inclinons à en reporter l'honneur au conseiller Claude Le Roux de Tilly — (le nom du fief sur lequel s'élève ce château est Tilly), — mort en 1537. Dirai-je que des *soleils* qui figurent, comme décoration, dans la délicieuse lucarne de droite de la façade pourraient, peut-être, constituer une réminiscence des armoiries — (trois soleils), — de Jeanne Challenge [2], première femme de Claude Le Roux ?

Autre point d'interrogation :

---

[1] Abbé Cochet, *Répertoire archéologique du département de la Seine-Inférieure*. Paris, Imprimerie Nationale, 1871, in-4°, col. 239.

[2] Ou Callenge, car on trouve ce nom écrit de ces deux manières.

L'artiste qui en a conçu le dessin serait-il Jehan de La Rue... [1] ?

ABBAYE DE SAINT-MARTIN D'AUCHY-LÈS-AUMALE. — Cette abbaye, plus connue sous le nom d'abbaye d'Aumale, a compté, parmi ses abbés, deux membres de la famille Le Roux, les deux frères Guillaume III et Nicolas Le Roux de Tilly ; ce dernier est mort en 1561 [2]. Tous deux, sans qu'il soit facile de déterminer la part respective de chacun, y avaient laissé de brillants souvenirs de leur munificence artistique. Vers 1834, dit M. l'abbé Cochet (en renvoyant au *Voyage romantique et pittoresque dans l'ancienne Normandie*, de Taylor et Nodier), « l'on a détruit la curieuse porte du monastère construite, au XVIe siècle, par *l'abbé* (*sic*) Le Roux de Tilly et Claude de Lorraine, duc de Guise et comte d'Aumale. Cette belle porte, flanquée de deux tours, était décorée de médaillons, de culs-de-lampe, de bas-reliefs, d'armoiries, de guirlandes de fleurs et de fruits. Les médaillons représentaient François Ier et les personnages de son siècle. Des devises latines rappelaient le roi chevalier et la salamandre. Le logis abbatial, construit par le même abbé et accompagné de quatre tours, a complétement disparu [3]. »

SAINT-AUBIN-D'ESCROVILLE. — C'est, vraisemblablement, le chanoine Nicolas Le Roux, mort en 1561,

---

[1] V. plus haut, p. 47-49.

[2] *Gallia Christiana* [ancienne édition], t. XI, col. 277.

[3] Abbé Cochet, *Répertoire archéologique du département de la Seine-Inférieure*, col. 172.

qui fit construire l'église, — pas banale du tout, — de cette paroisse dont il était seigneur. Figurez-vous une façade très originale, ornée d'arabesques, de rinceaux, de médaillons de profil. A la base du rampant du pignon, une petite galerie ou sorte de *loggia* à quatre arcatures fermées par une balustrade à têtes singulières. Sur les côtés de l'édifice, les contreforts sont couronnés de dais à édicules, et des gargouilles assez bien conservées rejettent l'eau des toits. A l'intérieur, trois nefs, séparées par des colonnes monocylindriques des collatéraux qui sont à plafond, tandis que la nef offre des amorces de voûtes, inachevées ou détruites... Tout cela sort de l'ordinaire, de ce style gothique qui prévaut encore dans la grande majorité des églises, même à la fin du xvie siècle... Assurément l'architecte n'était pas un routinier. C'était une personnalité ; mais là, surtout, en pleine campagne, qui l'a choisi ? Qui, peut-être, lui a inspiré sa pensée, si non le seigneur ? Et cela, alors même qu'il serait établi qu'il n'a que peu contribué pécuniairement à une construction qui aurait pu être élevée par les paroissiens.

Je ne puis pas même énumérer de très bonnes choses, d'époque postérieure, qui attirent l'œil dans cette église.

Je dois, toutefois, appeler l'attention sur une douzaine de médaillons ronds, en émail sur cuivre, encastrés dans les murs du chœur, et représentant des scènes de la Passion. En grisaille, à vrai dire, ces émaux offrent, de-ci, de-là, quelques touches de couleurs, du rouge pour le sang, du vert pour les agrafes des manteaux, des tons *chair* pour les figures, le tout rehaussé de filets d'or. — Sur l'un (Jésus-Christ au jardin des Oliviers) se lit une date : *1546*.

Comment ces émaux, — chose rare dans les campagnes, — se trouvent-ils ici ?

Dans des notes prises par nous, trop rapidement, hélas, et remontant à plus de dix années, nous avons recueilli ce détail : Ils *proviennent du château*, et ont été donnés par la propriétaire d'alors, Mme d'Aubermesnil. On ajouta, même, que M. du Sommerard les aurait estimés 30,000 francs.

Là encore nous avions cru reconnaître les artistiques affections des Le Roux, qui leur faisaient collectionner, dans leurs châteaux, les œuvres d'art, les émaux comme les plats de Palissy...

Mais nous tenons d'un membre de la famille d'Aubermesnil, M. de la Haie-Jousselin, qu'il est de tradition dans la famille que ces émaux ont été rapportés de Rome au XVIIe siècle, par un des seigneurs de Saint-Aubin, M. Pavyot de Saint-Aubin.

EGLISE SAINT-ETIENNE-DES-TONNELIERS, A ROUEN. — « Messieurs de Tilly, dit un ancien historien de Rouen, ont beaucoup contribué à faire la nef (de cette église). Ils en ont donné la première et la dernière arcade. Leurs armoiries s'y voient encore, aussi bien qu'à la grande vitre qui est derrière la contretable qu'ils ont fait faire de même [1]. »

---

[1] *Histoire de la ville de Rouen*. Rouen, Bon aventure Le Brun, 1738, in-12, t. IV, p. 231, 237.

Jeanne Chalenge, première femme de Claude Le Roux de Tilly, y fut inhumée en 1531.

Il est à noter que, vers la fin du xviiie siècle, un conflit s'éleva entre MM. Le Roux d'Esneval père et fils, et la fabrique de l'église au sujet d'armoiries et de tombes des familles Le Roux et de Chalenge, déplacées ou masquées dans le chœur par des travaux postérieurs [1].

ÉGLISE D'INFREVILLE-PRÈS-LE-BOURGTHEROULDE. — La seigneurie de cette paroisse est arrivée aux mains de la famille Le Roux, par mariage, en 1515 [2]. Or, le chœur de l'église est une gentille petite construction, de proportions exiguës comme il convient à une paroisse de 500 habitants, dans le style gothique du xvie siècle, tout en pierre de taille, voûtée en pierre sur nervures reposant sur des consoles sculptées. Quelques débris de vitraux, de la même époque, subsistent encore dans les fenêtres [3].

Je présume, sans pouvoir l'affirmer, que tout ceci est postérieur à 1515 et est dû à la générosité et aux goûts artistiques des Le Roux.

[1] Archives départementales de la Seine-Inférieure, G. 6550 ; et *Bulletin de la commission des antiquités de la Seine-Inférieure* ; t. VIII, Rouen, 1890, in-8°, p. 206-208.

[2] Généalogie dans le ms. Y. 24.

[3] Un morceau de verre laisse lire encore : «... *Noble et discrète personne maistre... Notre-Dame d'Evreux.*

Peut-être s'agit-il de Guillaume Le Roux, abbé d'Aumale, qui, dans certains actes du temps de sa jeunesse, est désigné comme étant clerc du diocèse d'Evreux. V. Barabé, *Recherches sur l'hôtel du Bourg-theroulde à Rouen*, dans : *Revue de Rouen*, août 1844, in-8°, p. 73.

De cette rapide revue, de l'examen de celles de ces œuvres que nous connaissons, des descriptions de celles qui sont disparues ou nous sont inconnues, paraît se dégager une constatation générale qu'il importe de noter.

Les Le Roux, pendant le XVIe siècle, ne furent pas uniquement des amis et des propagateurs de l'architecture ; dans les œuvres qu'ils ont commandées ou même seulement inspirées, il y a, je crois, une note personnelle, une option déterminée en faveur du style dit de la Renaissance, par opposition au style gothique.

En effet, si l'hôtel du Bourgtheroulde est commencé dans l'ancien style, bientôt on constate un repentir. L'architecture de la Renaissance s'en empare, le continue et l'achève.

Purement Renaissance est le château de Boisset-le-Châtel. Renaissance encore les travaux de l'abbaye d'Aumale, la croix de Sainte-Beuve ; peut-être, les autres travaux ; et, surtout, fait plus significatif, la pittoresque église rurale de Saint-Aubin-d'Ecrosville.

En un mot, les divers membres de cette famille semblent avoir été, si non des initiateurs, au moins des propagateurs déterminés de l'art de la Renaissance en Haute-Normandie.

La fin du XVIe siècle doit être la limite de cette étude. Quel danger, — de plus en plus grand, — à la pousser plus avant ; alors que, toujours opulente, la famille Le Roux essaime de tous côtés et achète seigneuries sur seigneuries dans tous les points de la Seine-Inférieure et de l'Eure ! Comment être sûr de

signaler, ici un château, ailleurs une chapelle recons-
truite, ou même un objet de décoration intérieure ?

Rappelons, en courant, et presque au hasard, qu'un
Robert Le Roux fut inhumé sous un mausolée dû au
ciseau du célèbre sculpteur Sarrazin [1] ; que dans l'église
d'Infreville se voyait, en 1685, un monument funé-
raire qui devait être fort beau [2]; qu'à Montérollier
l'église ayant été brûlée (1693), M. Le Roux de Tilly,
d'après une médaille frappée en son honneur, fut le
« restaurateur » du monument [3].

Sûrement, d'ailleurs, ce n'est plus cette efferves-
cence singulièrement abondante et initiatrice du siècle
précédent.

Ce serait, cependant, une lacune et une faute de ne
point signaler les œuvres d'architecture religieuse que
la fin du XVIIIe siècle vit s'élever de toutes parts avec
le concours de : messire Pierre-Robert Le Roux d'Esneval, chevalier, baron d'Acquigny, de Bois-Normand,
des Bottereaux, marquis de Grémonville, seigneur et
patron d'Yvecrique, seigneur et patron honoraire
d'Amfreville-les-Champs, conseiller du roi en tous
ses conseils, président à mortier au parlement de
Rouen, mort dans sa terre d'Acquigny en 1788. Au
moment où cette noble famille allait disparaître, on la
vit reprendre, — moins, peut-être, par amour de l'art

[1] Charpillon, *Dictionnaire historique des communes du département
de l'Eure*. V° Boisset-le-Châtel.

[2] Notice lue à l'académie de Rouen, en 1843, par M. Barabé.
(Archives de l'académie.)

[3] Abbé Cochet, *Répertoire archéologique du département de la
Seine-Inférieure*, col. 258.

que par un sentiment d'ardente piété, — ce rôle de grand bâtisseur qui, près de trois siècles auparavant, avait illustré son arrivée à la fortune et à la noblesse.

M. d'Acquigny, dont les grands revenus étaient en partie employés en bonnes œuvres, « se plaisait à orner et à bâtir des églises. Il a reconstruit, à ses frais, presque toutes celles dont il avait le patronnage. On en compte trois dans le département de l'Eure : Acquigny, le Bois-Normand-près-Lyre et Villettes [1] ». L'abbé Cochet porte à sept le chiffre de ces constructions d'églises, et nomme, outre les précédentes, celles de Grémonville et d'Yvecrique [2].

Toutes ces églises ne sont pas des œuvres d'art, ni d'égale importance ; ce qui prouve que le pieux président, — (aidé d'ailleurs, parfois, ne fût-ce que d'une façon très modique, par les paroissiens) [3], — ne leur consacra pas toujours des sommes égales et n'y employa peut-être pas le même architecte.

Parmi celles que nous connaissons, les plus remarquables sont celles de Bois-Normand et de Grémonville, excellents spécimens de l'architecture des églises de campagne à la fin du XVIIIe siècle. Celle de Bois-Normand mériterait une description qui, je crois, n'a pas encore été faite.

Celle de Grémonville a été, au contraire, décrite longuement et avec un amour justifié. Elle fait hon-

---

[1] Abbé P.-F. Lebeurier, *Notice historique sur la commune d'Acquigny*, p. 62.

[2] Abbé Cochet, *Les Eglises de l'arrondissement d'Yvetot*. Paris, 1852, in-8°, t. II, p. 392.

[3] Id. *ibid.*, t. I, p. 246.

neur à l'architecte rouennais Thibaut. Toutes deux appellent l'attention par le caractère somptueux de la décoration intérieure, la richesse des matières employées, le luxe de sculpture et d'ornementation. Le maitre-autel de Grémonville est, au jugement de l'abbé Cochet, le plus riche du diocèse de Rouen, et l'un des plus beaux de France pour la matière et le travail [1].

En 1825, le dernier des Le Roux d'Esneval mourait sans postérité. Avec lui s'éteignit, en ligne masculine, cette noble race, vieille de plus de trois siècles. A ses autres illustrations, si souvent rappelées, elle avait joint deux dons bien précieux et bien rares dont la réunion est une faveur providentielle, la passion de l'art et des constructions, et la richesse qui permet de la satisfaire [2].

On peut lui appliquer les paroles de Cicéron au sujet d'un grand personnage de son temps : « que ce fut pour Cneius Octavius (grand-oncle de l'empereur Auguste), un honneur d'avoir fait élever sur le Palatin une maison magnifique et toute pleine de dignité, laquelle n'avait pas peu contribué à porter son maître, homme nouveau, au consulat [3]. »

[1] Abbé Cochet, *Ibid.*, t. I, p. 294, 303-307.

[2] En 1867, le nom de Le Roux d'Esneval fut relevé par les enfants de M. Adrien Bézuel, qui avait épousé l'aînée des sœurs du dernier des Le Roux d'Esneval. — (Communication de M. Bouquet, dans *Bulletin de la Commission des antiquités de la Seine-Inférieure* ; t. X, Rouen, 1895, in-8°, p. 63.)

[3] Cicéron (*De Off.*, I, 49), cité dans *La grande Encyclopédie* ; Paris, Lamirault, s. d., gr. in-4°, p. 690.